BEI GRIN MACHT SICH IHR WISSEN BEZAHLT

- Wir veröffentlichen Ihre Hausarbeit, Bachelor- und Masterarbeit

- Ihr eigenes eBook und Buch - weltweit in allen wichtigen Shops

- Verdienen Sie an jedem Verkauf

Jetzt bei www.GRIN.com hochladen und kostenlos publizieren

Manuel Holder

Der finale Rettungsschuss. Polizeirechtliche Vorschriften und deren Verfassungsmäßigkeit

GRIN Verlag

Bibliografische Information der Deutschen Nationalbibliothek:

Die Deutsche Bibliothek verzeichnet diese Publikation in der Deutschen Nationalbibliografie; detaillierte bibliografische Daten sind im Internet über http://dnb.d-nb.de/ abrufbar.

Dieses Werk sowie alle darin enthaltenen einzelnen Beiträge und Abbildungen sind urheberrechtlich geschützt. Jede Verwertung, die nicht ausdrücklich vom Urheberrechtsschutz zugelassen ist, bedarf der vorherigen Zustimmung des Verlages. Das gilt insbesondere für Vervielfältigungen, Bearbeitungen, Übersetzungen, Mikroverfilmungen, Auswertungen durch Datenbanken und für die Einspeicherung und Verarbeitung in elektronische Systeme. Alle Rechte, auch die des auszugsweisen Nachdrucks, der fotomechanischen Wiedergabe (einschließlich Mikrokopie) sowie der Auswertung durch Datenbanken oder ähnliche Einrichtungen, vorbehalten.

Impressum:

Copyright © 2006 GRIN Verlag GmbH
Druck und Bindung: Books on Demand GmbH, Norderstedt Germany
ISBN: 978-3-638-71078-7

Dieses Buch bei GRIN:

http://www.grin.com/de/e-book/65445/der-finale-rettungsschuss-polizeirechtliche-vorschriften-und-deren-verfassungsmaessigkeit

GRIN - Your knowledge has value

Der GRIN Verlag publiziert seit 1998 wissenschaftliche Arbeiten von Studenten, Hochschullehrern und anderen Akademikern als eBook und gedrucktes Buch. Die Verlagswebsite www.grin.com ist die ideale Plattform zur Veröffentlichung von Hausarbeiten, Abschlussarbeiten, wissenschaftlichen Aufsätzen, Dissertationen und Fachbüchern.

Besuchen Sie uns im Internet:

http://www.grin.com/

http://www.facebook.com/grincom

http://www.twitter.com/grin_com

Manuel Holder

Blockseminar
Aktuelle Probleme des modernen Polizeirechts

– Der finale Rettungsschuss –
*polizeirechtliche Vorschriften und deren
Verfassungsmäßigkeit*

Gliederung

EINLEITUNG 3
BEGRIFFSDEFINITON „FINALER RETTUNGSSCHUSS" 4
I. EINORDNUNG DES FINALEN RETTUNGSSCHUSSES IN DAS POLIZEILICHE GEFAHRENABWEHRRECHT. 5

   1. EINORDNUNG DES FINALEN RETTUNGSSCHUSS ALS MITTEL DES VERWALTUNGSZWANGS 5
     1.1 ALLGEMEINE VORAUSSETZUNGEN 5
        1.1.1. Normaler Vollzug 5
        1.1.2. Sofortiger Vollzug 6
        1.1.2.1. Gegenwärtige Gefahr 6
        1.1.2.2. Hypothetische Grundverfügung 8
        1.1.2.3 Notwendigkeit zur Abwehr der Gefahr 10
        1.1.2.4 Auswahl des Zwangsmittels 11
     1.2 BESONDERE PROBLEMBEREICHE 11
        1.2.1 Androhung gemäß Artikel 64 BayPAG 11
        1.2.2 Geisel als Unbeteiligte im Sinne des Art. 66 Abs. 4 BayPAG 12
        1.2.3 Ultima ratio 12
   2. ANORDNUNGSBEFUGNIS BEI ANWENDUNG DES FINALEN RETTUNGSSCHUSSES 13
        2.1 Anordnung durch die Staatsanwaltschaft 13
        2.2 Weisungsrecht des Polizeiführers 14
        2.3 Gehorsamspflicht und Weigerungsrecht 14
        2.4 Anmelden von Bedenken 16
        2.5 Verantwortlichkeit 16
   3. FOLGEN FÜR DEN EINZELNEN AUSFÜHRENDEN POLIZEIBEAMTEN 18
        3.1 Strafrechtlicher Bereich 18
        3.2 Dienstrechtlicher Bereich 19
        3.3 Haftungsrechtlicher Bereich 20
   4. ZUSAMMENFASSUNG UND ERGEBNISSE DES ERSTEN KAPITELS 21

II. VERFASSUNGSMÄßIGKEIT DES FINALEN RETTUNGSSCHUSSES 22

   1. VEREINBARKEIT MIT ART. 2 II 1 GG (RECHT AUF LEBEN) 22
        1.1 Inhaltsbestimmung 22
        1.2 Gesetzesvorbehalt 23
   2. VERLETZUNG DER MENSCHENWÜRDE, ART. 1 I 1 GG 24
   3. VERSTOß GEGEN DAS VERBOT DER TODESSTRAFE, ART. 102 GG 25
   4. VEREINBARKEIT MIT DER EUROPÄISCHEN KONVENTION ZUM SCHUTZ DER MENSCHENRECHTE UND GRUNDFREIHEITEN (EMRK) 26
     4.1 GELTUNGSBEREICH 26
     4.2 INHALTSBESTIMMUNG 26

III. GESAMTERGEBNIS 27
LITERATURVERZEICHNIS 29

Einleitung

Am 4. August 1971 drangen zwei Räuber in das Gebäude der Deutschen Bank in der Münchner Prinzregentenstraße ein, hielten die anwesenden Personen als Geiseln fest und verlangten zwei Millionen DM Lösegeld. Kurz vor Mitternacht kam es zu einer Schießerei mit der Polizei, bei der ein Bankräuber sowie eine Geisel tödlich verletzt wurde[1].

Dieser Vorfall hat in der Öffentlichkeit und in der Literatur nicht ohne Grund große Aufmerksamkeit erregt. Dieser Vorfall bildete einen Wendepunkt in der modernen Verbrechensentwicklung und der daraus resultierenden Problematik von polizeilicher Gefahrenabwehr und Strafverfolgung. Bei diesem Vorfall wurde deutlich, dass die Verbrecher mit der Drohung die Geiseln zu töten, den Staatsapparat nahezu wehrlos machten.
Diese verbrecherische Vorgehensweise entwickelte sich in der Folge wiederholt zur Methode die Staatsgewalt zum Eingehen auf Täterforderungen zu bewegen.
Die Geiselnahme während des Olympiattentates 1972 in München oder die Entführung der Lufthansamaschine „Landshut" 1977 in Mogadischu sollen hier als besonders herausragende Ereignisse beispielhaft erwähnt werden.

Bei diesen besonderen Einsatzlagen, nämlich Geiselnahmen, ist die Polizei einerseits verpflichtet, das Leben der Geiseln zu schützen und sie zu befreien (polizeiliche Gefahrenabwehr) und andrerseits den Täter festzunehmen (Strafverfolgung)[2].

---

[1] Beispiel aus Schroeder, S. 3
[2] Polizeidienstvorschrift (PDV) 132 „Einsatz bei Geiselnahmen", S. 7

Im Falle eines Konfliktes zwischen diesen beiden Aufgaben ist die Aufgabe der Gefahrenabwehr vorrangig[3]. Bleiben alle anderen Maßnahmen zur Rettung der Geiseln erfolglos, wird der Polizeiführer nach Abwägung aller Umstände und nach Beurteilung der Lage als ultima ratio die Anwendung des gezielten tödlichen Schusses, des so genannten finalen Rettungsschusses, in Betracht ziehen.

Die nachfolgende Arbeit beschäftigt sich auch nur auf die Anwendung des finalen Rettungsschusses in Fällen einer Geiselnahme, da in allen anderen Fällen Polizeibeamte wenn sie von der Schusswaffe Gebrauch machen, nur in der Absicht handeln, das polizeiliche Gegenüber kampfunfähig zum machen.

Begriffsdefiniton „finaler Rettungsschuss"

Als finaler Rettungsschuss wird der gezielt tödliche Einsatz von Schusswaffen durch Polizeibeamte im Dienst bezeichnet, um Gefahr von Dritten abzuwenden. Typische Einsatzgebiete sind Geiselnahmen, die nicht über Verhandlungen oder mit nichttödlichem Einsatz von Waffen gelöst werden können.
Die gesetzliche Regelung findet sich im Art. 66 Abs. 2 Satz 2 BayPAG :
Ein Schuss, der mit an Sicherheit grenzender Wahrscheinlichkeit tödlich wirken wird, ist nur zulässig, wenn er das einzige Mittel zur Abwehr einer unmittelbar bevorstehenden Lebensgefahr oder der unmittelbar bevorstehenden Gefahr einer schwerwiegenden Verletzung der körperlichen Unversehrtheit ist.

---

[3] PDV 132, S. 7

I. Einordnung des finalen Rettungsschusses in das polizeiliche Gefahrenabwehrrecht.

1. Einordnung des finalen Rettungsschuss als Mittel des Verwaltungszwangs

Der finale Rettungsschuss ist eine Maßnahme der Verwaltungsvollstreckung in Gestalt der Anwendung unmittelbaren Zwanges gegen Personen. Die Möglichkeit seiner Durchführung weist der Polizei keine zusätzlichen Aufgaben zu, sondern stellt vielmehr ein polizeiliches Zwangsmittel dar, um präventiv polizeiliche Verfügungen durchzusetzen[4].

1.1 Allgemeine Voraussetzungen

1.1.1. Normaler Vollzug

Gemäß Art. 53 Abs. 1 BayPAG setzt der Verwaltungszwang einen auf die Vornahme einer Handlung, Duldung oder Unterlassung gerichteten Verwaltungsakt, also eine sogenannte Grundverfügung voraus. Die Vollstreckung polizeilicher Verwaltungsakte richtet sich gem. Art. 18 II VwZVG nach den Art. 53 ff. PAG, die insoweit eine abschließende Regelung darstellen und einen Rückgriff auf das VwZVG verbieten. Diese Grundverfügung kann im Falle einer Geiselnahme auf den Art. 66 Abs. 2 BayPAG als lex spezialis gestützt werden. Ob und inwieweit jedoch eine explizite polizeiliche Verfügung mit der Aufforderung eine Geisel frei zulassen ergeht, ist immer eine heikle Frage, die vor Ort entschieden werden muss. Man kann jedoch aufgrund der angespannten psychischen Situation bei Geiselnahmen nach aller Erfahrung davon ausgehen, dass polizeiliche Anweisungen mit

---

[4] Kunkel/Pausch/Prillwitz S.129 ff.; Rachor, in Handbuch des Polizeirechts, S. 340 ff.

Verfügungscharakter nicht ergehen, weil hierdurch das Leben der Geisel noch stärker gefährdet würde[5].

1.1.2. Sofortiger Vollzug

Entsprechend dem Artikel 53 Abs. 2 BayPAG kann Verwaltungszwang auch ohne vorausgehenden Verwaltungsakt angewendet werden, wenn dies zur Abwehr einer Gefahr notwendig ist. Insbesonders weil Maßnahmen gegen Störer nicht oder nicht rechtzeitig möglich sind und keinen Erfolg versprechen und die Polizei hierbei innerhalb ihrer Befugnisse handelt.

1.1.2.1. Gegenwärtige Gefahr

Regelmäßig wird bundesweit das Vorliegen einer gegenwärtigen Gefahr verlangt. Dies ergibt sich besonders daraus, dass ohne diese Gefahrenlage die sofortige Zwangsanwendung nicht erforderlich wäre[6].

Eine gegenwärtige Gefahr liegt dann vor, wenn der Schadenseintritt unmittelbar oder in nächster Zeit bevorsteht oder mit an Sicherheit grenzender Wahrscheinlichkeit zu erwarten sein wird[7].

Hierüber gibt es allerdings kontroverse Rechtsauffassungen, in welchen auf der einen Seite die Auffassung vertreten wird, dass sich eine Geisel während ihrer Gefangenschaft nicht notwendigerweise in einer gegenwärtigen Lebensgefahr befinde, sondern vielmehr konkrete Anhaltspunkte dafür sprechen müssten, dass der Täter die Geisel töten wolle[8]. Hier würde also der Täter, welcher dicht hinter einer Geisel geht und die Waffe auf diese gerichtet hat, nicht die Annahme einer gegenwärtigen Gefahr für die Geisel rechtfertigen. Vielmehr müssten konkrete Anhaltspunkte vorliegen, des es hypothetisch nahezu gewiss

---

[5] vgl. Pielow, Jura 1991, 483
[6] Rachor, Handbuch des Polizeirechts, S. 343
[7] Pausch/Prillwitz, S.102; Denninger, Handbuch des Polizeirechts, S. 121 ff.
[8] Habermehl, Rn. 915; Pielow, Jura 1991, 484

erscheinen lassen, dass der Täter, auch bei Erfüllung seiner Forderungen, die Geisel töten wird[9].

Die bei dieser Meinung hervorgebrachte Befürchtung, die Abgabe des Todesschusses könne voreilig freigegeben werden, ist allerdings unbegründet, da das Wesen der Begriffsbestimmung der Gefahr eben gerade darin liegt, dass eine bestimmte Situation in ihrer künftigen Entwicklung zu einem Schaden für ein Rechtsgut führt. Bei einer Geiselnahme ist dies überwiegend, zumindestens prognostizierend, anzunehmen.

Die andere Auffassung in dieser Kontroverse stellt jedoch dar, dass wenn bei ungehindertem Geschehensablauf die Schädigung eines Schutzgutes hinreichend wahrscheinlich ist, auch eine Gefahr für dieses Schutzgut besteht. Ob und in welchem Umfang ein Schaden eintritt, ist hier eine Frage der Beurteilung der in Gang gesetzten Ereignisse[10]. Die Frage des tatsächlichen Schadenseintritt für ein Schutzgut basiert auf einer Prognoseentscheidung[11].

Die erforderlich hinreichende Wahrscheinlichkeit ist einerseits dann zu bejahen, wenn nicht unbedingt sicher ist, dass der Schaden auch tatsächlich eintritt. Andererseits ist die erforderliche Wahrscheinlichkeit eher als gering zu bewerten, wenn lediglich die bloße Möglichkeit eines Schadenseintritt besteht[12]. In der Praxis ist also nach einschlägiger Meinung die Erfordernis einer hinreichenden Wahrscheinlichkeit dann zu bejahen, wenn nach der Lebenserfahrung die Befürchtung besteht, dass sich die Gefahr verwirklichen werde[13]

Bei der vorzunehmenden wertenden Gefahrenprognose ist hinsichtlich des Grades der Wahrscheinlichkeit zu differenzieren. Zu berücksichtigen ist dabei der Rang der dem Rechtgut

---

[9] Habermehl, Rn. 915
[10] Pausch/Prillwitz, S. 99
[11] Kunkel/Pausch/Prillwitz, S.55 ff.
[12] Gloria/Dischke, NWVBL 2/1989, 40
[13] Gloria/Dischke, NWVBL 2/1989, 40

zukommt, in welches zur Schadenabwendung eingegriffen werden soll. Hierbei ist vor allem die Bedeutung des polizeilichen Schutzgutes maßgeblich, wobei sich folgender Leitsatz etabliert hat: „Je größer und folgenschwerer der möglicherweise eintretende Schaden ist, desto geringer sind die Anforderungen, die an den Grad der Wahrscheinlichkeit einer Verwirklichung der Gefahr gestellt werden können"[14]. In der herrschenden Meinung hat sich somit etabliert, dass beim Schutz besonders hochwertiger Rechtsgüter bereits die weniger wahrscheinliche Möglichkeit eines Schadens die begründete Befürchtung seines Eintritts auslösen kann[15].

In der praktischen Anwendung bedeutet dies, dass die Tötung des Geiselnehmers umso eher in Kauf genommen werden darf, je größer die Lebensgefahr für die Geisel nach einem nicht zur sofortigen Handlungsunfähigkeit des Geiselnehmers führenden Schusswaffeneinsatz ist. Dabei ist unter Berücksichtigung aller Umstände, insbesonders der Erkenntnisse über die Persönlichkeit des Täters, einzuschätzen, ob dieses Eingriffsvrorausetzungen bejaht werden können. Dies wird um so eher der Fall sein, je skrupelloser und gewalttätiger sich das Wesen des Täters darstellt und je ungünstiger sich die gesamte Lage für die Herbeiführung eines Zugriffs entwickelt[16].

1.1.2.2. Hypothetische Grundverfügung

Beim sofortigen Vollzug des Verwaltungszwanges nach Artikel 53 Abs. 2 BayPAG muss die Polizei „innerhalb ihrer Befugnisse" handeln. Mit dieser Formulierung wird klargestellt, dass nur solche Maßnahmen sofort vollzogen werden können, die auch im normalen Verfahren rechtmäßigerweise hätten ergehen dürfen.

---

[14] Gloria/Dischke, NWVBL 2/1989, 40
[15] vgl. BVerwG, NJW 1970, 1890 (1892); BverwGE 47, 31(40); 62, 36 (39)
[16] Gloria/Dischke, NWVBL 2/1989, 41

Die, hypothetisch anzunehmende, Grundverfügung muss deshalb stets rechtmäßig sein[17].

Die polizeiliche Grundverfügung in solchen Sonderfällen liegt in der Aufforderung an den Geiselnehmer, die Geisel sofort freizulassen. Eine derartige Aufforderung von seiten der Polizei kann aufgrund einer mangelnden Standardmaßnahme nur auf die Generalklausel des Art. 11 BayPAG gestützt werden. Mit der Drohung, das Leben der Geisel zu gefährden hat der Geiselnehmer eine Gefahr für die öffentliche Sicherheit, insbesondere für das Rechtsgut Leben, als Verhaltensstörer im Sinne des Art. 7 I BayPAG hervorgerufen. Zusätzlich dient die Grundverfügung der Verhinderung eines Verstoßes gegen Strafgesetze, die als Bestand der staatlichen Rechtsordnung ebenfalls zum Schutzgut der öffentlichen Sicherheit zählen[18]. In den hier behandelten polizeilichen Sonderlagen soll die Fortsetzung einer Geiselnahme nach § 239b StGB bzw. der Eintritt einer schweren Folge nach § 239b Abs. 2 i.V.m. §239a Abs. 2 StGB verhindert werden. Dies ermöglicht ein grundsätzliches Einschreiten gegen Geiselnehmer.

Nach herrschender Meinung genügt die hypothetische Grundverfügung in der Regel auch dem Grundsatz der Verhältnismäßigkeit gemäß Art. 4 BayPAG.
Der Ansatz an dieser Stelle die Rechtmäßigkeit der Aufforderung zur Freilassung der Geisel aus Geeignetheitsgesichtspunkten zur verneinen, da es sich hier nur um die hypothetische Grundverfügung handelt und der sofortige Vollzug nach Artikel 53 Abs. 2 BayPAG gerade wegen dieser Ungeeignetheit oder Unmöglichkeit einer solchen Maßnahme indiziert ist, wäre hier verfehlt und wird von der herrschenden Meinung abgelehnt.

---

[17] vgl. Pausch, S. 14
[18] vgl. Kunkel/Pausch/Prillwitz, s.131; Pielow, Jura 1991, 483, 484

1.1.2.3 Notwendigkeit zur Abwehr der Gefahr

Sofortiger Vollzug setzt voraus, dass dies zur Abwehr einer Gefahr notwendig ist. Nach dem Wortlaut des Artikel 53 Absatz 2 BayPAG ist dies insbesonders der Fall, wenn Maßnahmen gegen Störer nicht oder nicht rechtzeitig möglich sind oder keiner offensichtlichen Erfolg versprechen. Diese beiden Varianten veranschaulichen einerseits den Zweck der Regelung über den Sofortvollzug und decken andrerseits auch den Anwendungsbereich dieser Rechtsfigur vollständig ab[19].

a) Eilvoraussetzung
Wie bereits oben dargestellt, bringt die hier in Betracht zu ziehende Aufforderung an den Geiselnehmer die Geisel freizulassen (Grundverfügung) die Gefahr in sich, bei der Geisel, aber ebenso bei dem Geiselnehmer, Angst- und Panikreaktionen auszulösen. Da diese Maßnahme in der Regel gerade wegen obiger Gründe als ungeeignet angesehen wird, ist regelmäßig von der Notwendigkeit des sofortigen Vollzugs auszugehen.

b) Erfolglosigkeit
Keinen Erfolg verspricht der Erlass eines befehlenden Verwaltungsaktes, wenn zu erwarten ist, dass der Adressat sich seinen Verpflichtungen entziehen und damit das Ziel des polizeilichen Einschreitens endgültig vereiteln würde[20]. Aus diesem Grundsatz ist zu entnehmen, dass ein Geiselnehmer, der andere Menschen mit dem Tode bedroht, durch eine mündliche Anordnung nicht unnötig vorgewarnt werden soll, sondern unter Umständen durch einen sofortigen und überraschenden Zugriff überwältigt werden muss. Nach herrschender Meinung kann somit eine befehlender Verwaltungsakt in der Regel unter den

---

[19] vgl. Rachor, Handbuch des Polizeirechts, S. 343
[20] vgl. Rachor, Handbuch des Polizeirechts, S. 345

besonderen Umständen einer Geiselnahme auch als erfolglos angesehen werden.

1.1.2.4 Auswahl des Zwangsmittels

Gemäß der Artikel 53 Abs. 2, 58 BayPAG muss das Zwangsmittel unter Beachtung des in Artikel 67 Abs. 1 BayPAG besonders zum Ausdruck gebrachten Verhältnismäßigkeitsgrundsatz ausgewählt werden[21]. Zur Befreiung einer Geisel kann regelmäßig als einzig geeignetes Zwangsmittel die Anwendung des unmittelbaren Zwangs durch den polizeilichen Schusswaffengebrauch in Form des Todesschusses gemäß des Artikel 66 Abs. 2 BayPAG in Betracht kommen.

Aufgrund der oben dargestellten Rechtslage kann davon ausgegangen werden, dass die Voraussetzungen des Sofortvollzugs beiden den hier aufgeführten polizeilichen Sonderlagen regelmäßig gegeben sind.

1.2 Besondere Problembereiche

Vor Betrachtung der verfassungsmäßigen Zulässigkeit des finalen Rettungsschusses möchte ich noch auf einige besondere polizeirechtliche Problembereiche eingehen.

1.2.1 Androhung gemäß Artikel 64 BayPAG

Ziel der Androhung ist es, den Täter zur Einstellung seines rechtwidrigen Angriffes zu veranlassen. Daher sollte ihm grundsätzlich vor einem gewaltsamen Eingreifen die Möglichkeit zur „Umkehr" gegeben werden. Dem Täter muss unmissverständlich klar gemacht werden, welcher Gefahr er sich bei einer Fortsetzung seines Handelns aussetzt[22]. Die Androhung hat somit Warn- und Aufforderungscharakter und ist eine Ausprägung des Grundsatzes der Erforderlichkeit des Mittels[23].

---

[21] Pausch/Prillwitz, S.254 ff.
[22] Krey/Meyer, ZRP 1973, 4.
[23] Krüger, S. 38

Nach Art. 64 Absatz 1 Satz 2 BayPAG kann von der Androhung unmittelbaren Zwangs, also auch des Schusswaffengebrauchs, nur abgesehen werden, „wenn die sofortige Anwendung des Zwangsmittels zur Abwehr einer Gefahr notwendig ist". Dies wird regelmäßig immer denn der Fall sein, wenn die Voraussetzungen des sofortigen Vollzugs vorliegen (vgl. oben 1.1.2).

1.2.2 Geisel als Unbeteiligte im Sinne des Art. 66 Abs. 4 BayPAG

Gemäß Art. 66 Absatz 4 BayPAG ist der Schusswaffengebrauch unzulässig, wenn „Unbeteiligte mit hoher Wahrscheinlichkeit gefährdet werden" würden. Allerdings wird bereits in Satz 2 des Art. 66 Abs. 4 BayPAG die Einschränkung gemacht, dass dies nicht gilt, „wenn der Schusswaffengebrauch das einzige Mittel zur Abwehr einer gegenwärtigen Lebensgefahr ist", und dies in dem besonderen Fall der Geiselnahme regelmäßig der Fall ist und somit der Schusswaffengebrauch gemäß dem BayPAG im Rahmen des finalen Rettungsschusses regelmäßig als zulässig anzusehen ist wenn die Voraussetzungen des sofortigen Vollzugs erfüllt sind.

1.2.3 Ultima ratio

In Konkretisierung des Verhältnismäßigkeitsprinzip lässt Artikel 66 Abs. 1 BayPAG den Schusswaffengebrauch nur zu, wenn anderen Maßnahmen des unmittelbaren Zwangs keinen Erfolg versprechen. Für die erfolgreiche Anwendung anderer technischer Hilfsmittel oder Schusswaffen, die nicht zur Tötung des Täters führen, fehlen derzeit die Voraussetzungen[24].

---

[24] Pielow, Jura 1991, 484

2. Anordnungsbefugnis bei Anwendung des finalen Rettungsschusses

Es stellt sich die Frage, ob der finale Rettungsschuss nicht ausschließlich von der Polizeiführung sondern auch von der Staatsanwaltschaft angeordnet werden kann.

2.1 Anordnung durch die Staatsanwaltschaft

Im Anschluss an die durch den leitenden Staatsanwalt angeordneten tödlichen Schüsse gegen die Geiselnehmer beim Bankraub vom 04.08.1971[25] wurde diskutiert, ob die Gehorsamspflicht der Polizeibeamten auch die Befolgung der Anordnung des Todesschusses durch die Staatsanwaltschaft verlangt[26].
Mit dem Erlass der "Gemeinsamen Richtlinien der Justizminister/-senatoren und der Innenminister/-senatoren des Bundes und der Länder über die Anwendung unmittelbaren Zwanges durch Polizeibeamte auf Anordnung des Staatsanwalts" vom 15.12.1973 wurden diese Zweifel ausgeräumt. Der Erlass bestimmt in Ziff. 1: "Die Gefahrenabwehr ist Aufgabe der Polizei. In diesem Bereich besteht kein Raum für Anordnungen des Staatsanwalts". Für Gemengelagen stellt der Erlass in Ziff. 2.3. klar: "Erfordert die Lage unverzüglich eine Entscheidung über die Anwendung unmittelbaren Zwanges und ist ein Einvernehmen darüber, welche Aufgabe in der konkreten Lage vorrangig vorzunehmen ist nicht herzustellen, so entscheidet hierüber die Polizei".
Damit ist für Fälle, in denen unklar ist, ob präventive (Befreiung der Geisel) oder repressive (Strafverfolgung) Gesichtspunkte im Vordergrund stehen, das Anordnungsrecht auf den Polizeiführer übertragen. In den Fällen der Geiselnahme ist der Staatsanwalt

---

[25] Krey/Meyer, ZRP 1973, 1f.
[26] Sundermann, S.150; Götz, S. 160

nicht befugt, den finalen Rettungsschuss anzuordnen. Diese Entscheidung trifft demnach die Polizei.

2.2 Weisungsrecht des Polizeiführers

Gemäß Art. 62 Abs. 1 BayPAG sind die Polizeivollzugsbeamten verpflichtet, unmittelbaren Zwang, der von einem Weisungsberechtigten angeordnet wird, anzuwenden. Wer weisungsberechtigt ist, ergibt sich aus der beamtenrechtlichen Hierarchie (vgl. etwa Art. 4 II BayBG, Art. 4-6, 7 IV POG) oder aus zahlreichen gesetzlichen Vorschriften (Art. 50 PAG, Art. 9 II POG iVm Art. 10 LStVG).

Grundsätzlich weisungsberechtigt sind alle Vorgesetzten. Vorgesetzter ist, wer einem Beamten für seine dienstliche Tätigkeit Anordnungen erteilen kann[27].

In den Fällen von Geiselnahmen und Entführungen stellt die PDV 131 einschränkend klar, wer Weisungsberechtigter ist: „Der Polizeiführer trägt die Führungsverantwortung und trifft die grundsätzlichen Entscheidungen, die zur Befreiung der Entführten und zur Ermittlung und Festnahme der Täter erforderlich sind." Weisungsberechtigt für die Abgabe des Todesschusses in derartigen Fällen ist somit der Polizeiführer.

2.3 Gehorsamspflicht und Weigerungsrecht

Die Gehorsamspflicht ist ein hergebrachter Grundsatz des Berufsbeamtentums i. S. des Art. 33 Abs. 5 GG, der in den Beamtengesetzen besonders geregelt ist[28]. Der Beamte ist danach grundsätzlich verpflichtet, die vom Vorgesetzten erlassenen Anordnungen zu befolgen. Eine derartige Anordnung liegt vor, wenn ein Vorgesetzter von einem nachgeordneten Bediensteten ein hinreichend bestimmtes oder jedenfalls von dem Beamten den Umständen nach näher bestimmbares Tun oder Unterlassen

---

[27] Meixner, S. 353
[28] Vgl. z.B. § 55 S. 2 Bundesbeamtengesetz

fordert[29]. Hierunter fällt auch die Anordnung, einen Todesschuss abzugeben.

Die Verpflichtung zum Schusswaffeneinsatz auf Anordnung eines Vorgesetzten ist speziell in den Vorschriften des Gesetzes über den unmittelbaren Zwang geregelt[30]. Für das Verfahren bei einer Weigerung des nachgeordneten Beamten und für das Verbot zur Befolgung einer derartigen Anordnung gelten ausschließlich diese Vorschriften. Der Hinweis in Art. 62 Abs. 1 Satz 2 BayPAG, dass Anordnungen, welche die Menschenwürde verletzen oder nicht zu dienstlichen Zwecken erteilt worden sind, nicht befolgt werden müssen, haben lediglich hinweisenden Charakter. Es handelt sich hierbei um allgemeine Grenzen der Gehorsamspflicht[31].

Der Polizeibeamte, der nach einem Auftrag zum Schusswaffeneinsatz wegen einer Lageänderung den Gebrauch der Schusswaffe nicht mehr als gerechtfertigt ansieht, darf diese Anordnung nicht befolgen, wenn er sich außerhalb des Einwirkungsbereiches des Vorgesetzten befindet. Diese Regelung entspricht den Einsatzgrundsätzen der Polizei.

Ein besonderes Recht zur Verweigerung des Schusswaffeneinsatzes auf Anordnung ergibt sich aus der Vorschrift, dass der Gebrauch von Schusswaffen nur an Ort und Stelle angeordnet werden darf. Dies gilt jedoch nicht für den einen Gesamteinsatz leitenden höheren Vorgesetzten, der sich in einer zentralen Befehlsstelle aufhält. Dies wird bei Geiselnahmen regelmäßig der Fall sein.

In diesem Zusammenhang sei daran erinnert, dass es sich bei den Beamten, die den Zugriff vornehmen, um besonders ausgebildete Spezialeinheiten handelt. Diese sind grundsätzlich in der Lage, veränderte Situationen wahrzunehmen und entsprechend darauf zu reagieren.

---

[29] Thewes, S. 99
[30] Art. 62 BayPAG
[31] Thewes, S.100 f.

2.4 Anmelden von Bedenken

Nach Art. 62 Abs. 3 BayPAG hat der Polizeibeamte gegenüber dem Anordnenden Bedenken gegen die Rechtmäßigkeit der Anordnung vorzubringen. Die Anmeldung von Bedenken gegen die Rechtmäßigkeit einer Anordnung des Todesschusses entspricht der besonderen Verantwortung des handelnden Beamten und dient dem Schutz von Täter und Geisel.
Bleibt der Anordnende bei seiner Entscheidung, so ist der Polizeibeamte mit Ausnahme der in Art. 63 Abs. 1 Satz 2 und Abs. 2 Satz 1 BayPAG genannten Falle verpflichtet, die Anordnung, den Todesschuss anzuwenden, zu befolgen[32].
Erkennt der Polizeibeamte das Vorliegen eines gesetzlichen Verbotes, so darf er die Anordnung nicht befolgen. Zweifel an der Zweckmäßigkeit der Anordnung befreien den Schützen nicht von der Gehorsamspflicht[33].

2.5 Verantwortlichkeit

Der Polizeibeamte trägt für die Rechtmäßigkeit seiner dienstlichen Handlungen grundsätzlich die volle persönliche Verantwortung[34]. Das gilt für den ausführenden Beamten auch dann, wenn er die Maßnahme nicht nach eigenem Entschluss, sondern aufgrund der Anordnung seines Vorgesetzten trifft. Die Anordnung selbst ist eine dienstliche Handlung im vorgenannten Sinne, für die der Vorgesetzte die Verantwortung trägt. Beim Einsatz der Schusswaffe auf Anordnung besteht deshalb grundsätzlich eine doppelte Verantwortlichkeit[35].

Verantwortung in diesem Sinne bedeutet, für die Zweckmäßigkeit und Rechtmäßigkeit des Todesschusses einzustehen und die

---

[32] Meixner, S. 355
[33] Thewes, S. 103
[34] § 56 Abs. 1 Bundesbeamtengesetz
[35] Thewes, S.104

daraus entstehenden Folgen zu tragen[36]. Diese Verantwortlichkeit umfasst die Entscheidung über den Einsatz des Todesschusses sowie die eintretenden Folgen. Für die Beteiligten wirft sich die Frage auf, ob diese Verantwortung überhaupt von dem Einzelnen getragen werden kann. Verantwortung kann nur dann übernommen bzw. übertragen werden, wenn alle Bereiche des Geschehens von den Verantwortlichen beurteilt und beeinflusst werden können. Diese Voraussetzungen liegen jedoch bei Großlagen - wie dies bei Geiselnahmen regelmäßig der Fall ist - grundsätzlich nicht vor. Im praktischen Einsatz kommt hinzu, dass die Entscheidungen vom Polizeiführer unter zeitlichem Druck getroffen werden müssen[37]. Dabei besteht die unbefriedigende Situation, dass beim Todesschuss mit all seinen schwerwiegenden Folgen der Vorgesetzte und der nachgeordnete Beamte im gegenseitigen Zusammenwirken außerhalb ihrer Beeinflussungsmöglichkeiten liegende Mängel des anderen grundsätzlich mitverantworten müssen[38]

Erlaubt der Polizeiführer den Todesschuss aber nur, ohne ihn zu fordern, handelt es sich nicht um 'Handeln auf Anordnung". Faktisch wird nur auf die gesetzlichen Voraussetzungen verwiesen bzw. deren Vorliegen bestätigt. Dann ist für den Todesschuss wie für seine Nichtabgabe neben dem im Rahmen seiner Vorgaben mitverantwortlichen Polizeiführer und den beteiligten Abschnittsführern verantwortlich, wer letztlich die Entscheidung trifft). Ergeht die Erlaubnis, ohne dass die gesetzlichen Voraussetzungen nach den Sachstandskenntnissen des Polizeiführers vorliegen, ist dieser hierfür selbst verantwortlich.

---

[36] Havers/Schupp, S. 111
[37] PDV 132, S. 7 ff.
[38] Thewes, S. 104 ff.

3. Folgen für den einzelnen ausführenden Polizeibeamten

Die örtlich und sachlich zuständige Polizeidienststelle wird nach jedem Schusswaffeneinsatz prüfen, ob die rechtlichen Voraussetzungen für ihn vorlagen. Werden im Rahmen einer Geiselnahme Personen verletzt oder getötet, erfolgt die Vorlage des unverzüglich eingeleiteten Ermittlungsverfahrens zur weiteren Entscheidung an die Staatsanwaltschaft.
Es stellt sich im folgenden die Frage, welche möglichen Konsequenzen für den handelnden Polizeibeamten in derartigen Lagen entstehen können, wenn die Anordnung des Todesschusses rechtswidrig war.

3.1 Strafrechtlicher Bereich

Der Polizeibeamte, der einen Todesschuss abgibt oder anordnet, kann die Straftatbestände der §§ 211 (Mord), 212 (Totschlag), 226 (Körperverletzung mit Todesfolge) StGB erfüllen. Der Tatbestand des § 212 dürfte in diesen Fällen regelmäßig vorliegen, da der handelnde Polizeibeamte vorsätzlich den Tod eines Menschen herbeigeführt hat.

Eine Verurteilung des handelnden oder anordnenden Polizeibeamten entfällt nur, wenn die Tatbestandsverwirklichung gerechtfertigt war. Da die Staatsanwaltschaft in jedem Falle, in dem eine Person durch den Einsatz von Schusswaffen verletzt oder getötet wurde, ein Ermittlungsverfahren einleitet, stellt sich die Frage, ob die in den Polizeigesetzen festgelegten Regelungen zum Todesschuss einen ausreichenden Rechtfertigungsgrund darstellen.

Diese Frage ist aufgrund der divergierenden Regelungen in den verschiedenen Polizeigesetzen unterschiedlich zu beantworten.

Tauchen Zweifel auf, dass die vorhandenen (bzw. nicht vorhandenen) Regelungen zum Todesschuss keinen ausreichenden Rechtfertigungsgrund darstellen könnten, versuchen derzeit die Staatsanwaltschaften und Gerichte. zur Vermeidung unbilliger Härten, die allgemeinen Notwehrrechte als Rechtfertigungsgründe heranzuziehen[39]. In den meisten Fällen wurde ein Verfahren nicht eröffnet. Wo es jedoch zu einer Anklage kommt, kann das Strafmaß sehr hoch sein[40].

Auf der Ebene der Schuld wird die Zulässigkeit des Todesschusses virulent. Ist die Norm verfassungswidrig, so ist sie keine anerkannte Rechtfertigung. Die irrige Annahme ist ein Erlaubnisirrtum, der als indirekter Verbotsirrtum der Regelung des § 17 StGB unterfällt. Ein weiteres Unrechtsproblem ist die Variante des Erlaubnisirrtums, bei der über die Grenzen einer verfassungsmäßigen und daher anerkannten Rechtfertigung geirrt wird. Ein Problem der Schuldform bildet der Irrtum über die sachlichen Voraussetzungen eines anerkannten Rechtfertigungsgrundes. Dieser Erlaubnistatbestandsirrtum beseitigt nach Anwendung der Rechtsfolgen des Tatbestandsirrtums gern. § 16 Abs. 1 StGB den Schuldvorsatz. Hinsichtlich der Weisungen gilt die Trennung von verbindlichen und daher rechtfertigenden Weisungen und unverbindlichen Weisungen, die im begrenzten Umfang ein Entschuldigungsgrund sein können[41].

3.2 Dienstrechtlicher Bereich

Liegt der Verdacht eines Dienstvergehens vor, d. h. ist dem Beamten eine vorsätzliche Verletzung seiner Dienstpflichten vorzuwerfen, so erfolgt die Einleitung eines Disziplinarverfahrens. Besteht der Verdacht, dass der handelnde Beamte ohne ausreiche den Rechtfertigungsgrund einen Todesschuss abgegeben hat, wird

---

[39] Vgl. Beschluss des OLG Frankfurt vom 07.07.1987, Az: 1 Ws 116/87
[40] Thewes, S. 90 ff.
[41] Thewes, S. 82

in aller Regel, da es sich um ein schwerwiegendes Dienstvergehen handelt, sofort das förmliche Disziplinarverfahren eingeleitet. Dies bedeutet, dass der Beamte vom Dienst suspendiert werden kann und mit einer Gehaltskürzung zu rechnen hat. Weitere Folgen der Einleitung des Disziplinarverfahrens sind, dass der Beamte nicht befördert werden kann, an keinen weiterführenden Schulungen teilnehmen kann, er nicht versetzt werden kann usw[42].

3.3 Haftungsrechtlicher Bereich

Ein Amtshaftungsanspruch aus § 839 BGB 1. V. m. Art. 34 GG könnte sich z. B. in folgenden Fallen ergeben:

- gegenüber dem Angeschossenen bzw. dessen Hinterbliebenen
- als Folge einer Tötung durch schuldhaftes Unterlassen
- wenn ein Unbeteiligter (z. B. eine Geisel) durch den Schusswaffengebrauch verletzt wurde.

Unabhängig vom Verschulden des Beamten gewährt Art. 70 Abs. 1 BayPAG einen Entschädigungsanspruch bei durch rechtswidrige Maßnahmen entstandenem Vermögensschaden. Der Anspruch besteht nicht, wenn der Geschädigte durch den Schuss geschützt wurde (Art. 70 Abs. 4 BayPAG). Dies wird regelmäßig dann der Fall sein, wenn Geschädigte und Geisel identisch sind.

Schließlich könnte ein verletzter Unbeteiligter einen Anspruch entsprechend nach den Grundsätzen der Geschäftsführung ohne Auftrag haben (§§ 677, 678 BGB). Wurde der Schuss gegen den erklärten Willen einer dadurch verletzten Geisel abgegeben, bedarf es einer eingehenden Prüfung des § 679 BGB. Nach § 680 BGB

---

[42] Vgl. Kunkel, S. 84 ff.

entfällt der Anspruch, wenn nicht mindestens grobe Fahrlässigkeit vorliegt.

Ein Haftungsanspruch ist also stets denkbar, sei es aus Gründen des Übermaßes gegenüber dem Täter oder der Verletzung der Schutzpflicht gegenüber der Geisel.

Zusammenfassend kann hier gesagt werden, dass die Ausführung des Todesschusses nach alledem weitreichende und einschneidende Konsequenzen für den konkret betroffenen Polizeibeamten haben kann.

4. Zusammenfassung und Ergebnisse des ersten Kapitels

Der finale Rettungsschuss ist keine Aufgabenerweiterung für die Polizei und erweitert gleichzeitig auch nicht deren Befugnisse. Der finale Rettungsschuss stellt lediglich ein Zwangsmittel dar, welches mit dem Ziel eingesetzt wird, die polizeiliche Grundverfügung - die Geisel freizulassen - durchzusetzen. Diese Grundverfügung lässt sich regelmäßig auf die Generalklausel des Bayerischen Polizeiaufgabengesetzes stützen.

Die besonderen Probleme wurden durch Einarbeitung in das Polizeiaufgabengesetz klar geregelt. Insbesonders sind hier die Abdingbarkeit der Androhung des gezielten tödlichen Schusses und die Betrachtung der Geisel als „unbeteiligte Person" zu nennen. Eine weitere Rechtsicherheit wird im Rahmen der Anordnungsbefugnis durch die „Gemeinsame Richtlinie der Justiz- und Innenminister/- senatoren des Bundes und der Länder" erlangt, welche das Anordnungsrecht des Rettungsschusses eindeutig der Polizeiführung zugesteht.

II. Verfassungsmäßigkeit des finalen Rettungsschusses

Es stellt sich die Frage, ob der Artikel 66 Abs. 2 BayPAG materiell verfassungsgemäß ist. Der finale Rettungsschuss wäre materiell verfassungsgemäß, wenn kein Verstoß gegen höherrangiges Recht, hier insbesonders Grundrechte, vorliegen.
Wenn das höherrangige Recht nach seinem Inhalt und der in ihm enthaltenen Wertordnung festlegt, dass jegliches Leben dan absoluten höchstwert darstellt, und aus diesem Grund dem Staat ein Abwägung zwischen dem Leben des Täters und den angegriffenen Rechtsgütern des Opfers untersagt ist, wäre wegen dieser grundrechtlichen Wertbestimmung der Todesschuss nicht verfassungsgemäß[43].
Im Nachfolgenden soll aufgrund der Konzeption dieser Arbeit nur auf die einschlägigsten verfassungsrechtlichen Regelungen eingegangen werden.

1. Vereinbarkeit mit Art. 2 II 1 GG (Recht auf Leben)

1.1 Inhaltsbestimmung

Als Abwehrrecht schützt Art. 2 Abs. 2 Satz 1 GG das Recht auf Leben vor Eingriffen des Staates. „Leben" bleibt auch als Grundrechtsbegriff ein rein natürlicher Begriff. Wann dieses vorliegt richtet sich allein nach naturwissenschaftlichen Gegebenheiten am Körper des Menschen[44].
Diese Auffassung schließt begrifflich alle sozialwissenschaftlichen Bewertungen des Lebens aus, und so führt auch der Täter eines sehr schweren Verbrechend kein „lebensunwertes" Leben. Dies ergibt sich auch aus der Formulierung „Jeder..."[45].

---

[43] Sundermann, S.53
[44] Maunz/Dürig, Art. 2 Abs. 2 Rn. 9
[45] Vgl. Kunig, in von Münch, Art. 2 Rn. 45

1.2 Gesetzesvorbehalt

Allerdings steht die Norm unter einem Gesetzesvorbehalt, Art. 2 II 3 GG. Art. 66 II 2 PAG stellt in diesem Zusammenhang eine gesetzliche Schranke des Grundrechts dar. Dem in Art. 19 I 2 GG genannten Zitiergebot hat der Bayerische Gesetzgeber mit Art. 74 PAG Rechnung getragen.

Obwohl die Vorschrift in letzter Konsequenz dazu führt, dass das pGrundrecht der Störers auf Leben vernichtet wird, wird von der ganz überwiegenden Ansicht ein Verstoß gegen Art. 2 II 2 GG nicht angenommen.   Art. 2 II 3 GG lässt nämlich Eingriffe auch in das Leben zu. Solche Eingriffe bedeuten jedoch immer und notwendig dessen Entzug.

Die Grenze der Einschränkbarkeit dieses Grundrechts durch einfachen Gesetzesvorbehalt wird jedoch von Art. 19 II GG (Wesensgehaltsgarantie) gezogen. Soweit die Norm jedoch vorsieht, dass von einem Grundrecht stets noch etwas übrig bleiben muss, so kann dies vorliegend nicht im individuellen, sondern nur im kollektiven und generellen Sinn gemeint sein. Es wäre rechtsirrig anzunehmen, wegen Art. 19 II GG schlechthin jede staatlich vorgenommene oder geduldete Lebensvernichtung für grundrechtswidrig zu halten. Wo Leben gegen Leben steht, kann Art. 19 II GG begrifflich nur für ein Leben streiten. Umgekehrt bedeutet dies, dass ein Verstoß gegen Art. 2 II GG dann nicht zu bejahen ist, wenn der gezielt tödlich wirkende Schuss unter sorgfältiger Beachtung des Grundsatzes der Verhältnismäßigkeit abgegeben wird. Schon Art. 66 II 2 PAG ist zu entnehmen, dass der Schuss äußerstes und letztes Mittel zur Rettung der Geiseln aus unmittelbar drohende Lebens- oder schwerwiegender Verletzungsgefahr sein muss. Zweck des Waffengebrauchs darf aber nicht die Tötung sein, sondern nur die Hemmung des rechtswidrigen Geschehens. Sind diese Voraussetzungen gegeben, ist der Schuss selbst dann zulässig, wenn der Tod der Geiselnehmer nicht nur billigend in Kauf genommen, sondern sogar gewollt wird.

Art. 66 II 2 PAG ist als Ausdruck des von Art. 2 II 2 GG geforderten Verhältnismäßigkeitsgrundsatzes nicht zu beanstanden.

2. Verletzung der Menschenwürde, Art. 1 I 1 GG

Zur Klärung ob ob eine Verletzung der Menschenwürde vorliegt, greift das Bundesverfassungsgericht auf die sogenannte Objektformel zurück. Sie wurde von Dürig geprägt als eine Variante des Kategorischen Imperativs von Kant: „Handle so, dass die Maxime deines Willens jederzeit zugleich als Prinzip einer allgemeinen Gesetzgebung gelten könne"[46]. So definiert bedeutet Menschenwürde also die Freiheit zur eigenen Entscheidung und Handlung[47]. Nach dieser Objektformel ist die Menschenwürde verletzt, wenn die Einzelperson zum bloßen Objekt staatlichen Handelns herabgewürdigt wird. Ein entsprechendes Verhalten muss nach der Rechtsprechung „Ausdruck der Verachtung des Wertes, der dem Menschen kraft seines Personenseins zukommt" sein; erst dann liege ein Herabwürdigen im Rechtssinne vor. Es kommt somit auf die Intention des herabwürdigenden Verhaltens an. Dies bedeutet aber auch, dass die Menschenwürde nicht verletzt ist, wenn die Reduktion zum Objekt bloß schwere oder nicht vermeidbare Nebenfolge eines Verhaltens ist, das durch Notwendigkeit oder Nützlichkeit für das Funktionieren und Gedeihen unserer Gesellschaft gerechtfertigt ist. Ist es hingegen Hauptzweck des Verhaltens, wird die Menschenwürde verletzt. Der Mensch wird insoweit nicht nur auf ein Objekt reduziert, sondern zum Objekt selbst herabgewürdigt.

---

[46] Kant, Kritik der praktischen Vernunft,1788 § 7
[47] Geddert-Steinacher, S. 31; Rechtssprechung des BverfG zur Menschenwürde in Niebler, BayVBL 1989, 737 f.

Art. 1 I 1 GG kann jedoch nicht nur die Zulässigkeit des finalen Rettungsschusses entnommen werden. Vielmehr gebietet die Würde des Menschen im Einzelfall sogar die körperliche Unversehrtheit von Unschuldigen zu retten und in letzter Konsequenz auch den Störer zu töten. Nach Art. 1 I 1 GG ist es Verpflichtung aller staatlichen Gewalt, die Würde des Menschen zu achten und zu schützen. Dieser Schutzauftrag gebietet dem Staat, alles zu tun, was ihm möglich ist, um rechtswidrig bedrohtes oder gefährdetes Leben zu retten. Zum Schutz des Opfers ist der rechtswidrige Angriff des Störers möglichst schnell und möglichst wirkungsvoll abzuwehren.

Die obige Darstellung hat ergeben, dass der finale Rettungsschuss nicht gegen die Menschenwürde des Täters verstößt.

3. Verstoß gegen das Verbot der Todesstrafe, Art. 102 GG

Art. 102 GG, der die Todesstrafe mit dem Grundgesetz für unvereinbar erklärt, steht dem finalen Rettungsschuss aus Art. 66 II 2 PAG nicht entgegen. Verboten ist durch Art. 102 GG nämlich nur die Tötung als Kriminalstrafe, nicht aber die gezielte Tötung von Menschen aus präventiven Gesichtspunkten zum Zwecke der Gefahrenabwehr[48]. Dass es sich bei dem finalen Rettungsschuss eindeutig um eine Maßnahme der polizeirechtlichen Gefahrenabwehr handelt wurde im ersten Kapitel bereits ausführlich dargestellt.

---

[48] Lerche, in FS-Heydte 1977, S. 1034.

4. Vereinbarkeit mit der Europäischen Konvention zum Schutz der Menschenrechte und Grundfreiheiten (EMRK)

Einschlägig ist hier der Art. 2. Abs. 2 EMRK

4.1 Geltungsbereich

Neben dem Grundgesetz normiert die EMRK Grundrechte, die gem. Art. 2 des Gesetzes über die Konvention zum Schutz der Menschenrechte und Grundfreiheiten innerstaatlich als Bundesrecht anwendbar sind. Da die Konvention nicht allgemeine Regel des Völkerrechts ist, hat sie am Vorrang des Völkerrechts gem. Art 25 Satz 2 GG nicht teil sondern gilt lediglich mit der Kraft eines einfachen Bundesgesetzes[49].

Dieser Unterschied der formellen Geltungskraft ändert jedoch nichts an der sachlichen Bedeutung der Rechte der Konvention, die eine gegenseitige Isolierung nationaler und europäischer Grundrechte ausschließt. Deshalb sind bei der Auslegung des Grundgesetzes Inhalt und Entwicklungsstand der EMRK stets in Betracht zu ziehen[50]. Die Grundrechte der EMRK decken sich in ihrem Inhalt weithin mit dem der Grundrechte des Grundgesetzes Sie gehen allen Rechtssätzen des Landesrechts auch des Verfassungsrechts der Länder (Art. 31 GG), sowie allen früheren Bundesgesetzen vor. Sie hindern allerdings den Bundesgesetzgeber nicht, entgegenstehendes Recht zu setzen, dies freilich nur um den Preis einer Völkerrechtsverletzung.

4.2 Inhaltsbestimmung

Unstrittig ist, dass Art. 2 Abs. 2 Ziff. a einen Todesschuss zur Rettung von Leben und der körperlichen Unversehrtheit nicht entgegensteht[51]. Dies ergibt sich auch bereits eindeutig aus dem Wortlaut des Textes.

---

[49] BVerfGE 10, 271
[50] Hesse, S. 118
[51] Maunz/Dürig, Art. 1 Abs. 1 Rn. 62

5. Zusammenfassung und Ergebnisse des zweiten Kapitels

Obige Darstellung ergibt, dass der finale Rettungsschuss als polizeiliches Mittel der Zwangsanwendung verfassungsrechtlich nur als ultima ratio zur Abwehr einer gegenwärtigen Gefahr für Leib oder Leben des Opfers zulässig ist.

III. Gesamtergebnis

Im ersten Kapitel wurde dargelegt, dass der finale Rettungsschuss der Polizei keine zusätzlichen Aufgaben zuweist und auch nicht zu einer Erweiterung der polizeilichen Befugnisse führt. Der gezielte Todesschuss stellt vielmehr lediglich ein Mittel innerhalb des abgestuften Systems polizeilicher Zwangsmaßnahmen dar, mit denen die polizeiliche Grundverfügung – zum Beispiel „gib die Geisel frei!" - durchgesetzt werden kann. Diese Verfügung stützt sich in den Fällen der Geiselnahme auf die Generalklausel des Artikel 11 BayPAG. Die in der Vergangenheit kontrovers diskutierten Problembereiche der Erforderlichkeit einer Androhung des Todesschusses sowie die Frage, ob Geiseln als Unbeteiligte im Sinne der Vorschriften über den unmittelbaren Zwang anzusehen sind, wurden zwischenzeitlich vom Gesetzgeber im Bayerischen Polizeiaufgabengesetz eindeutig geregelt.

Gleichfalls ist das Anordnungsrechts für die Abgabe des finalen Rettungsschusses eindeutig geregelt. In den „Gemeinsamen Richtlinien der Justiz- und Innenminister", die Bestandteil der Polizeidienstvorschriften geworden sind und für Bund und Länder gleichermaßen gelten, ist die Zuständigkeit des jeweiligen Polizeiführers für Fälle der Geiselnahmen festgeschrieben.

Die im zweiten Kapitel durchgeführten verfassungsrechtlichen Untersuchungen haben ergeben, dass in das Recht auf Leben des Geiselnehmers nur aufgrund eines förmlichen Gesetzes eingegriffen werden darf. Dieses Gesetz darf den Todesschuss nur vorsehen, wenn er zur Rettung der Rechtsgüter Leben sowie zur Vermeidung schwerwiegendster Verletzungen der körperlichen Unversehrtheit zwingend erforderlich ist und der Grundsatz der Verhältnismäßigkeit im weiteren Sinne beachtet wird. Ein darüber hinausgehender staatlicher Eingriff in das Recht auf Leben des Geiselnehmers wird vom Grundgesetz nicht gebilligt und wäre mithin verfassungswidrig.

Der Freistaat Bayern hat durch Übernahme der gesetzlichen Regelung des finalen Rettungsschusses in das bayerische Polizeiaufgabengesetz der verfassungsrechtlichen Anforderung genüge getan. Diese Regelung entspricht in Verbindung mit den allgemeinen Vorschriften über den Schusswaffengebrauch und den entsprechenden Dienstvorschriften den Geboten der Normenklarheit und Normenbestimmtheit und gewährleistet einen wirksamen Schutz bei den besonderen Geisellagen.

Literaturverzeichnis

Denninger	Erhard, in: Handbuch des Polizeirechts, München, 3. Aufl., 2001
Geddert-Steinacher	Tatjana, Menschenwürde als Verfassungsbegriff: Aspekte der Rechtssprechung des Bundesverfassungsgerichts zu Art. 1 Abs. 1 Grundgesetz, Berlin, 1990
Gloria	Christian/Dischke, Eduard, Der finale Todesschuss um Landesrecht von NRW, NWVBL 1989, S. 37-45
Götz	Volkmar, Allgemeines Polizei- und Ordnungsrecht, Göttingen, 13. Aufl., 2001
Habermehl	Kai, Allgemeines Polizei- und Ordnungsrecht, Baden-Baden, 1984
Havers	Hans/Schupp, Günther, Beamten- und Disziplinarrecht, Hilden, 6. Aufl. 1986
Hesse	Konrad, Grundzüge des Verfassungsrechts der BRD, Heidelberg, 20. Aufl., 1999
Kant	Immanuel, Grundlegung der Metaphysik der Sitten, Hamburg, 1949
Krey	Volker/Meyer, Wolfgang, Zum Verhalten von Staatsanwaltschaft und Polizei bei Delikten mit Geiselnahme, ZRP 1973, S. 1-5
Krüger	Ralf, Polizeilicher Schusswaffengebrauch, Stuttgart-München-Hannover, 4. Aufl., 1979
Kunkel	Claudia/Pausch, Wolfgang/Prillwitz, Günther, Hessisches Gesetz über die öffentliche Sicherheit und Ordnung, Mainz, 1991
Lerche	Peter, Der gezielt tödlich wirkende Schuss nach künftigem einheitlichen Polizeirecht zum Verhältnis hoheitlicher Eingriffsbefugnisse zu den allgemeinen Notrechten, in Festschrift für Friedrich August Freiherr von der Heydte, Berlin, 1977
Maunz	Theodor/Dürig, Günther/Herzog, Roman/Scholz, Ruppert/Lerche, Peter/Papier, Hans-Jürgen, Grundgesetz, München, Losebl., Stand. 2001
Meixner	Kurt, Gesetz über die öffentliche Sicherheit und Ordnung, Stuttgart-München, 10. Aufl., 2005
Münch von	Ingo/Kunig, Philip, Hrsg. Grundgesetzkommentar München

Niebler	Engelbert, Die Rechtssprechung des Bundesverfassungsgerichts zum obersten Rechtswert der Menschenwürde, BayVBL 1989, S. 737-742
Pausch	Wolfgang/Prillwitz, Günther, Polizei- und Ordnungsrecht, Stuttgart-München-Hannover, 2. Aufl., 1995
Pielow	Johann-Christian, Der sog. finale Todes- oder Rettungsschuss, Jura 1991, S. 482-489
Rachor	Frederik, in: Handbuch des Polizeirechts, München, 3. Aufl., 2001
Schroeder	Friedrich-Christian, Polizei und Geisel, Der Münchner Bankraub, Berlin - New York, 1972
Sundermann	Heinz-Georg, Schusswaffengebrauch im Polizeirecht, Dissertation, Heidelberg, 1984
Thewes	Wilfried, Rechtliche und praktische Grundsatzfragen des polizeiliche Schusswaffeneinsatzes gegen Personen, Dissertation, Saarbrücken, 1988

Ich bedanke mich beim
Innenministerium Baden-Württemberg - Landespolizeipräsidium –
und dem
Bayerischen Staatsministerium des Innern
für die Unterstützung.